Lk 7/683

NOTICE

HISTORIQUE ET ARCHÉOLOGIQUE

SUR AVIGNON

ACCOMPAGNÉE

D'UN PLAN INÉDIT DU PALAIS DES PAPES

PAR

M. JULES COURTET

Sous-Préfet, chevalier de la Légion d'honneur
du Comité de la Langue, de l'Histoire et des arts de la France
de la Société de l'Histoire de France, etc.

(Extrait de la *Revue archéologique*, xie année)

PARIS

A. LELEUX, LIBRAIRE

ÉDITEUR DE LA REVUE ARCHÉOLOGIQUE

RUE DES POITEVINS, 11

1855

NOTICE HISTORIQUE ET ARCHÉOLOGIQUE SUR AVIGNON.

« L'aspect général d'Avignon, dit avec beaucoup de raison M. Mérimée, est celui d'une place de guerre. Le style de tous les grands édifices est militaire, et ses palais comme ses églises semblent autant de forteresses. Des créneaux, des mâchicoulis couronnent les clochers; enfin, tout annonce des habitudes de révolte et de guerres civiles. » Il faut ajouter que sa ceinture de murs, flanquée de trente-neuf tours, ses nombreux clochers coniques, sa grande tour du beffroi aux clochetons et aux découpures moresques, la masse gigantesque de son palais papal, le porche sévère et gracieux de sa métropole, enfin, tout ce large entassement d'édifices qui viennent se baigner dans les flots du Rhône, forme, pour le voyageur qui descend la route de Nîmes, un spectacle des plus imposants. Une fois arrivé sur la plate-forme du rocher qui s'élève presque au milieu de la ville, à travers des massifs de verdure qui renouvellent les jardins suspendus de Babylone, quelle admirable perspective se développe devant lui! Quel sublime panorama! Des paysages rustiques, gais ou sévères passent tour à tour devant ses yeux comme les décorations fantastiques d'un théâtre immense. Les départements de Vaucluse, du Gard et des Bouches-du-Rhône sont étalés sous son rayon visuel. Au midi, ce sont les crêtes dentelées des sauvages Alpines, avec les deux grandes tourelles de Château-Renard, au delà du ruban argenté de la Durance; au nord, le Rhône semble se jouer autour de la corbeille de verdure formée par l'île de la Barthelasse, après avoir délaissé le manoir croulant de Châteauneuf-du-Pape, qui pointe à l'horizon. Au couchant, c'est le Languedoc avec son délicieux paysage de Villeneuve, accroupie dans sa *vallée de Bénédiction,* sous la garde de son antique Chartreuse et d'une belle tour de Philippe le Bel; au levant, enfin, les riches et luxuriantes plaines, légèrement accidentées, qui courent jusqu'aux pieds de Vaucluse et du Ventoux, ce géant de la contrée, au front couronné de neiges. Et puis, sur tout cela, un beau soleil méridional, embrasant de ses chauds reflets le fuyant sinueux du Rhône et imprimant aux pierres des monuments cette riche teinte d'un jaune orangé qui tranche si harmonieusement avec l'azur presque toujours serein du ciel (1).

Une position aussi heureuse dut inévitablement fixer l'attention de tous les peuples qui séjournèrent ou qui passèrent dans cette partie des Gaules. Aussi, tous y ont laissé quelques empreintes de leurs pas. Nous les suivrons rapidement dans leurs apparitions, fugitives ou permanentes; et après avoir, de cette manière, esquissé à grands traits l'histoire de cette belle et intéressante cité, nous tâcherons de donner une idée de ses richesses monumentales.

Les Cavares appartenaient à la grande famille des Galls, race, pour ainsi dire, autochthone, et qui, dans leur propre langue, s'appelaient Celtes, au dire de César (2). On les compte néanmoins, ainsi que leurs clients, les *Segalauni* (Valence) et les *Tricastrini* (Saint-Paul-trois-Châteaux), parmi les nations liguriennes chassées d'Espagne par une invasion celtique, quinze ou seize siècles avant notre ère, et repoussées par les Galls dans le voisinage de la Méditerranée (3). Par leur position, leurs nombreuses relations politiques et commerciales et leurs constants liens de fédération, ils avaient perdu leur filiation celtique, presque abdiqué leur propre nationalité. Pour nos ancêtres, l'industrie fut la lyre d'Orphée. A la voix d'industrieux étrangers venus de l'Orient, sous la conduite d'un chef inconnu, d'un Hercule (4), la vie sauvage est abandonnée. Les Cavares (5) et leurs voisins d'outre-Rhône, les Volkes-Arékomikes (6), ont pris l'habitude de camper sur les bords

---

(1) Le fameux P. Kircher a connu par expérience et célébré avec effusion de cœur, dans son ouvrage intitulé *Primiciæ gnomonicæ*, imprimé à Avignon, en 1633, les avantages que l'astronomie pouvait trouver dans cette ville. Dans son observatoire du collége des jésuites, on voit encore des projections uranographiques, tracées par lui dans cette partie du palais Brancas.

(2) Cæsar, *de Bello gallico*, lib. I, c. i. — *Ceilt* et *ceiltacht*, habitants des forêts.

(3) Niebuhr confirme que les Celtes refoulèrent vivement les Liguriens sur la côte et vers Avignon, dit-il, ils habitèrent en maîtres au milieu d'eux, ainsi que l'indique le nom de *Celto-Ligyens*. *Hist. rom.*, I, p. 332, trad. de Golbery. — Mais il propose de lire Ἀουενιωνος, au lieu de Ἀουεριωνος, bien gratuitement, je pense; car si Strabon n'a pas voulu indiquer Avignon, ce qui est probable, il a pu avoir dans la pensée la chaîne du Lubéron, l'antique *Luerio*.

(4) *Harokel*, mot phénicien qui signifie négociant, voyageur. C'est là l'origine de la fameuse fable d'Hercule.

(5) *Cat*, grand, et *bar* ou *var*, lance. Bullet, *Mém. sur la langue celtique*, II, p. 812. Besançon, 1754.

(6) Tite Live dit que les Volkes occupaient les deux rives du Rhône, XXI, 26. Il faudrait donc en conclure ou que les Cavares n'existaient pas sous ce nom, à l'époque du passage d'Annibal, ou qu'ils étaient une subdivision de la grande confédé-

du fleuve ; ils sont plus à portée de faire des échanges avec les barques qui le remontent ou qui le descendent. Bientôt d'autres étrangers succèdent aux navigateurs phéniciens et rhodiens. Ceux-ci s'annoncent comme des voisins, comme des frères. Leurs pères, partis de Phocée, ville d'Ionie, sont venus, vers 600, aborder le territoire des Ségobriges, où ils ont fondé Massalie. L'empire de la mer est à eux. Leurs nefs se sont hardiment aventurées dans le Rhône (1), et ils viennent offrir, en échange des produits gallois, les produits de leur riche industrie, leur civilisation et leur mélodieux langage. Les Cavares ont tout accepté. Instruits par leurs nouveaux hôtes, ils ont appris à entourer leurs burgs de murailles et à demander au sol tout ce qu'il peut produire. Bientôt des villes surgirent. C'est donc à cette époque, vers le VIe ou le Ve siècle avant notre ère, qu'il faut, selon toutes les probabilités, assigner la fondation d'Avignon.

Le premier point occupé, l'*Oppidum*, fut le rocher, ce qu'on nomme aujourd'hui la *Roche des Doms*, qu'un talus abrupt et les eaux du Rhône protégeaient de tous côtés. Son étymologie découle forcément des racines celtiques que nous venons de citer et auxquelles les Phocéens donnèrent une désinence, selon le génie de la langue grecque. Il ne peut plus être sérieusement question aujourd'hui de toutes ces prétendues étymologies, comme *ave Io*, *a vineis* et autres mauvaises plaisanteries tirées du latin dont on n'avait pas le moindre soupçon.

Les huttes et les palissades en pierre des Cavares firent bientôt place aux habitations et aux remparts de pierre dont les Massaliotes leur apprirent à s'entourer. Grâce à ces industrieux voisins, dont ils devinrent les alliés et qu'ils secondèrent dans leurs relations commerciales, les Cavares virent prospérer leurs établissements. Une partie des richesses de Massalie refluait dans ses comptoirs, surtout dans Avignon et dans Cavaillon, qui occupaient un des premiers rangs.

ration volke. — M. Walcknaër pense que le nom de *Volces*, dérivé du mot germain *Volk*, qui signifie peuple, devait être commun à plusieurs peuplades, d'où les Volces *Tectosages*, *Arecomici* et *Cavari*. Cette hypothèse explique très-bien le passage de l'historien latin. Dans les fouilles pratiquées dernièrement sur le rocher des Doms, au milieu d'Avignon, on a trouvé un beau cube de calcaire blanc, faisant sans doute partie d'un autel votif, avec cette inscription : T. CARISIVS. T. F. | PR. VOLCAR. DAT. N'est-ce pas une confirmation du récit de Tite Live et de l'opinion de M. Walcknaër? Un T. Carisius défit les Cantabres, l'an de Rome 732.

(1) *Rhod-an*, eau rapide, le Rhône ; *Sohn-an*, eau tranquille, la Saône. *An*, *aven* eau, rivière. Bullet, *loc. cit.*, p. 102 et 104. *Abhainn* (gaélic), *Avon* (Kymr.).

Par les utriculaires de ces deux villes, leurs produits remontaient jusqu'aux Alpes et dans la partie septentrionale des Gaules. Voilà pourquoi Étienne de Byzance, d'après Artémidore, qui écrivait 110 ans avant Jésus-Christ, les appelle des colonies ou plutôt des villes de Massalie (1). Ceci explique leur attachement constant pour leurs bienfaiteurs et, par suite, pour les Romains, dont les Massaliotes étaient les alliés et les amis fidèles. Fatalité remarquable! l'antique confédération des Cavares est une des premières, entre les nations galliques, à se précipiter au-devant de la servitude. Heureusement qu'alors c'était courir au-devant de la civilisation.

La ville s'agrandissait, quand les Romains y font pénétrer, avec leurs légions, le luxe de leur civilisation avancée (124 ans avant Jésus-Christ). Domitius Ahénobarbus, après sa victoire sur les Allobroges, la dote de la seconde voie romaine qui fut construite dans les Gaules. Ville latine, selon Pline, colonie, selon Ptolémée, elle fut bientôt, d'après Pomponius Mela, une des villes les plus opuentes de la Gaule narbonnaise. Comme plusieurs des colonies romaines, ses voisines, Avignon eut alors son théâtre, son hippodrôme, ses thermes et ses temples. Si peu de chose a survécu de cette magnificence antique, il faut l'attribuer aux nombreux saccagements des barbares. Avignon fut plus exposé à leurs coups, comme le chef-lieu de la contrée. Plus tard aussi, l'industrie ne se développa dans son sein qu'aux dépens de l'antiquité. De l'époque romaine date son premier système régulier de fortifications, en partie détruit par les invasions du Ve siècle ; mais il ne tarda pas à être rétabli et sur les mêmes proportions. On peut en prendre une idée en supposant une ligne qui, partant du rocher des Doms, au couchant, embrasserait les paroisses de Saint-Agricol, Saint-Didier, Saint-Pierre, et viendrait se rattacher au flanc de ce même rocher. Cette seconde enceinte était un parallélogramme allongé. L'art et la nature contribuaient à rendre cette position formidable, car le Rhône venait battre le pied des murs de la ville basse et elle s'avançait ainsi dans le fleuve comme une péninsule dans la mer. Aussi Chlodowig, en 500, essaya-t-il en vain de l'enlever aux Burgondes. La suprématie de cette ville résulte du rôle qu'elle joue dans l'histoire.

En 509, le puissant roi des Ostrogoths, Théodorik, divise toute la *Provence* en trois gouvernements. Par les lettres de Cassiodore,

(1) *Steph. Byzant.* apud D. Bouquet, t. I, p. 114. — Ainsi Ἀουενίων, tel est le nom que donnent les géographes grecs, Strabon, Ptolémée, Étienne de Byzance, et qu'indiquent les médailles.

on voit qu'il plaça Gemellus à Arles, Marade à Marseille et Wandila à Avignon. Cette ville fut l'objet de sa sollicitude (1). Grégoire de Tours parle de ses sénateurs et de ses juges. Au partage entre les fils de Chlother, en 567, Avignon, bien qu'enclavé dans le royaume burgondien, devient le chef-lieu de la *marche* du roi d'Ostrasie, Sighebert. Le patrice Mummolus le choisit pour lieu de retraite après sa trahison, et lui confia sa famille et ses trésors. Par haine des Franks, les Arabes y furent introduits en 736; mais Karle Martel la reprit trois fois de vive force, et les plus horribles dégâts furent le résultat de la plus opiniâtre résistance (2). On prétend que le nom de la *rue Rouge* date de cette époque.

On conçoit que sous les pas des Burgondes, des Goths, des Franks et des Arabes durent disparaître les vestiges imposants de l'art romain et qu'Avignon eut besoin d'une ère de paix pour cicatriser les cruelles blessures faites par tous ces barbares. Avignon jouit de ce bonheur sous les Bozons, qui relevèrent beaucoup de ruines, soit par instinct politique, soit par ce goût des arts qu'ils avaient rapporté d'Italie. Mais bientôt surgirent de nouvelles prétentions, à la suite du démembrement du royaume d'Arles. Plusieurs considérations nous autorisent à penser qu'il y eut dans Avignon des lieutenants ou représentants des comtes de Provence, et, plus tard, des comtes de Toulouse et peut-être même de Forcalquier. Chaque délégué était chargé de l'administration de la justice et surtout de la perception de l'impôt. Or, au milieu de ces rivalités qui se traduisirent parfois en luttes sanglantes, Avignon, cité riche et commerçante, qui, à travers les vicissitudes où l'avait ballottée le flot des révolutions, avait conservé la tradition de ses vieilles coutumes municipales, Avignon songea à se faire un appui contre tous ces pouvoirs dont le froissement était toujours un malheur pour elle, entre des comtes également puissants. Elle dut relever de tous en attendant de ne relever de personne. Cette occasion se présenta dans les premières années du XIIe siècle.

En 1125, la commune d'Avignon était déjà assez solidement établie pour se faire respecter des comtes de Provence, de Toulouse et de Forcalquier. C'était une proie d'une difficile capture. Aussi, dans la convention de 1125, les deux premiers comtes laissèrent-ils Avignon dans l'indivision, comme firent, en 1195, les

---

(1) Cassiodore, *Vari.* III, 38.
(2) Les *Annales de Metz* et l'*Appendice* à Grégoire de Tours, en racontant les détails de ces siéges, signalent le *castrum Avenione munitissimum* et l'*Avenionem urbem munitissimam ac montuosam*.

comtes de Toulouse et de Forcalquier. Ce qu'on ne pouvait prendre, on le laissait indivis, sauf à profiter de la première occasion favorable. En attendant, un gouvernement libre fut établi, et sur les armoiries de la ville, les tours furent remplacées par le buste de quatre consuls, le manteau boutonné sur l'épaule. Le revers portait l'aigle aux ailes éployées, décoré du nom de *gerfaut*. La république naissante jugeait prudent de faire hommage de sa liberté à l'empereur et de placer l'aigle dans ses armes. Voilà pourquoi la commune d'Avignon est appelée *république impériale* par certains auteurs.

Comme l'industrie et la liberté avaient amené un surcroît de richesses et de population, il fallut reculer les anciennes barrières. D'autres remparts solides, flanqués de grandes tours, s'élevèrent. Ils embrassèrent un circuit représenté, sur le plan d'Avignon, par une ligne qui, partant de la porte du Rhône, suivrait la rue du Limas, la grande rue Calade, la rue des Lices, les rues Philonarde et Campane, et, par celle des Trois-Colombes, irait se rattacher au rocher. Sur cette troisième enceinte, presque circulaire, s'ouvraient dix portes, dont quelques-unes étaient murées (1). Mais ces jours de liberté ne furent pas exempts d'orages. Le sol de la cité fut souvent ensanglanté. Ses rues étroites se hérissèrent de barricades. Du haut de leurs trois cents maisons crénelées, les nobles faisaient payer cher aux bourgeois la perte de leurs priviléges. La lutte s'envenima entre le peuple et l'aristocratie. Enfin, une voix puissante se fit entendre, les partis se rapprochèrent, et, du consentement des consuls, l'évêque Gaufred fit adopter (1154) un règlement sage, qu'on peut à juste titre appeler la charte du consulat (2). Quoique la part de l'évêque fût belle, les consuls, concentrant dans leurs mains le pouvoir législatif et exécutif, purent traiter souverainement avec les rois et avec les républiques de Provence et d'Italie, leurs sœurs et leurs voisines. L'empereur Frédéric Barberousse crut devoir reconnaître et approuver les franchises avignonaises (1157), pour sauvegarder sans doute sa suzeraineté nominale. La fin du XIIe siècle vit la plus grande prospérité de la commune avigno-

(1) Voici leurs noms : Ferruce, Aquaria, Biançon, Évêque, Pont-rompu, Magnanen, Peinte, Matheron, Aurouse et du Bois (*ligno*), aujourd'hui *porte de la Ligne*. Cette enceinte est parfaitement dessinée par le canal de la Sorguette, qui faisait partie des fossés, et servait alors, comme aujourd'hui, aux égouts de la ville. Le seul débris survivant de cette vieille enceinte communale est un pan de mur que l'on voit à l'entrée de la rue qui conduit au grand séminaire de Saint-Charles.

(2) Une copie ou original existe aux archives de la ville, boîte 8, n° 70. Nous en donnons une analyse détaillée dans notre *Histoire d'Avignon*, inédite.

naise. L'exemple de Barberousse fut imité, en 1206, par le dernier comte de Forcalquier. Mais le terme de cette prospérité approchait.

Le XIIe siècle avait vu deux grandes choses : l'affranchissement politique, occasionné en grande partie par les croisades, et l'affranchissement de la pensée, qui provoqua la philosophie audacieuse d'Abeilard. Malgré les efforts de saint Bernard, partout on vit déborder le triomphe de la pensée sur la foi, l'envahissement de la logique sur la religion. Dans l'Église, hors de l'Église, les messies pullulent. Dans le nord, sombre pays de forêts et de brouillards, domine le mysticisme; dans les plaines ouvertes du midi, où surabondent les richesses et le soleil, c'est le rationalisme qui l'emporte. Que sera-ce dans ces contrées où se heurtent toutes les races, toutes les croyances? où les hommes ont du sang chrétien, juif et mahométan dans les veines? où l'industrie a fait circuler l'aisance dans toutes les classes et où les mœurs antiques se sont encore relâchées au contact des coutumes orientales? Là, sont toujours vivaces les souvenirs des vieux municipes romains. Les portes des villes s'ouvrent à tout trafiquant comme à tout révélateur de quelque idée philosophique. Donc, à ces hommes libres, riches, sensuels et corrompus, le manichéisme sourit, le manichéisme avec son dualisme oriental, avec son *bon* et son *mauvais* génie. La sympathie est large pour les novateurs sur cette terre ardente du midi.

Or, Raymond VI, comte de Toulouse et marquis de Provence, était, dans le midi, le représentant, la personnification de cette réforme religieuse. Les Avignonais, qui étaient naturellement portés vers lui par ce vieux lien de suzeraineté que n'avait pas détruit leur nouvelle existence politique, crurent devoir faire cause commune avec celui qui soutenait les Albigeois, et cela fut cause des grands désastres qui fondirent sur leur ville. On comprend maintenant pourquoi leurs bourgeois à l'allure hardie, à l'esprit raisonneur, n'avaient pas fermé l'oreille aux croyances nouvelles et pourquoi nous avons insisté un peu sur l'historique de celle-ci, cause première des calamités qui vont suivre.

Innocent III, décidé à exterminer *la peste albigeoise* qui désolait les belles contrées du midi, ne balança pas de les offrir à la vorace et éternelle rapacité des hommes du nord. Une croisade s'organisa. En 1208, le légat du saint-siége, présent dans Avignon, enjoint aux consuls et aux habitants d'aller raser le château que les comtes de Toulouse avaient fait construire au pont de Sorgues. L'année suivante, un concile assemblé dans la même ville fulmine l'excommunication contre les Vaudois, Albigeois et leurs adhérents. Raymond courbe la tête, et, pour gage de ses promesses, remet sept de ses châteaux, entre autres, Oppède, Beaumes et Mornas. Sa réconciliation à Saint-Gilles lui coûtera plus cher encore. Poussé à bout, il finit par où il aurait dû commencer. Les Avignonais envoient leur contingent à la bataille de Muret (1213), et, en 1218, ayant pris Guillaume des Baux, prince d'Orange et partisan des croisés, ils le hachent à petits morceaux. La vengeance ne se fera pas attendre. L'esprit démocratique est saisi de vertige. Des changements sont réclamés dans l'organisation municipale. La lutte s'engage. Une partie des nobles et des bourgeois sort de la ville et se venge en ravageant les vignes et les propriétés de leurs concitoyens. Ceux-ci pillent à leur tour les maisons et le mobilier de ceux qui sont sortis. Le tumulte est à son comble. Enfin, une députation du conseil général va se jeter aux genoux des mécontents, calme l'aigreur des esprits et les amène à consentir à la création d'un dictateur pendant dix ans. Un parlement général des nobles et des bourgeois a lieu à l'évêché, et le 26 février 1226, Spinus de Surrexina fut le premier podestat d'Avignon. Mais, ni la dictature, ni le nouveau code draconien ne sauveront la république du péril qui s'avance. Louis VIII, qui vient prendre sa part à la grande curée du midi, se présente aux portes d'Avignon avec toute la noblesse française et une armée formidable. Trois mille hommes de celle-ci ont déjà franchi le Rhône sur le pont de bois, un peu au-dessus de la ville, quand le roi et le vice-légat déclarent que leur intention est de passer dans Avignon et de traverser le Rhône sur le pont de pierre. Les citoyens craignent que ce ne soit un prétexte pour s'emparer de leur ville et pour les punir de leur attachement au comte de Toulouse et de l'excommunication qu'ils ont encourue pour lui pendant douze années; ils refusent fièrement le passage, ferment les portes et offrent au roi de le laisser passer seulement avec les principaux barons de l'armée. Sur le refus de se soumettre à cette condition, le siége commença le 10 juin 1226; mais il traîne en longueur par la belle défense des Avignonais, qui, par suite de la famine et des maladies épidémiques, sont forcés d'ouvrir leurs portes le 13 septembre suivant. Ce fut heureux pour les Français, car, cinq jours plus tard, la Durance et le Rhône inondèrent tout le terrain sur lequel l'armée était campée. Après avoir fait égorger tous les Flamands et les Français qui se trouvèrent dans la ville, le roi fit abattre une partie des murailles, combler les fossés, et, deux jours après, comme pour expier les horreurs de cette guerre, on le vit, vêtu d'un sac, ceint d'une corde, la tête nue et la torche au poing, suivre le saint sacrement porté par le nouvel évêque. Le passage de Louis VIII devait laisser dans Avignon des traces profondes et durables, — la misère publique et l'institution des *pénitents gris.*

Restait à connaître la décision du cardinal de Saint-Ange, qui avait commencé par faire mettre deux cents otages en lieu de sûreté. Avignon était dans l'attente la plus cruelle. Sa consternation fut à son comble, quand, le 9 janvier 1227, le cardinal fulmine sa sentence de Paris, où il avait été saluer le nouveau roi, Louis IX, encore enfant. En outre des punitions politiques et pécuniaires, les Avignonais étaient condamnés à détruire leurs murailles et leurs fortifications, à combler leurs fossés, à raser trois cents de leurs maisons, à son choix, abattre toutes les tours qu'il jugerait à propos, et à remettre au roi de France toutes leurs machines de guerre. Les Avignonais furent obligés de subir ces humiliantes et rigoureuses conditions, d'autres encore, et l'argent de leur amende servit à construire le fort de Saint-André, au delà du Rhône, destiné à les tenir en respect. D'un seul coup, le cardinal les frappait cruellement dans leurs richesses, leur orgueil, leurs espérances et leurs libertés.

Le traité de Paris, du 12 avril 1229, assura au saint-siége le marquisat de Provence, ou plutôt le comtat Venaissin, qui n'était qu'une seule et même chose avec l'ancien comté d'Avignon. C'est cette paix, si désavantageuse pour Raymond VII, qui fit dire au chroniqueur Guillaume de Puy-Laurens, qu'un seul des articles aurait suffi pour payer sa rançon, s'il eût été pris en bataille rangée. Avignon, ville libre de fait sinon de droit, se trouvait donc enclavée au milieu des possessions pontificales et naturellement enviée par divers maîtres. La discorde, ou plutôt l'anarchie qui régnait dans son sein, devait la leur faire considérer comme une proie des plus faciles. Non contents de briser cette union, qui avait fait la force de leur république, les Avignonais se rendaient coupables d'inconstance, et, à coup sûr, d'ingratitude. En 1240, un parti se forme pour livrer la ville aux ennemis du comte de Toulouse; mais celui-ci le prévint, et, en 1245, l'empereur Frédéric II, soit par amitié, soit pour faire acte de suzeraineté, lui concède tous ses droits sur Avignon (1). Mais tout cela était fictif. L'heure de la sou-

(1) *Propter rebellionem civium,* dit la chronique citée aux preuves de l'*Hist. du Languedoc,* par D. Vaissette, III, p. 108; *ob ingratitudinem Avinionensium,* dit la charte de l'empereur, datée de Pise, 1245.

mission réelle allait sonner. Le midi résonnait encore des chants d'allégresse qui avaient accueilli la nouvelle de la captivité de Louis IX et de ses frères; on achevait à peine le *Te Deum* pour remercier Dieu d'avoir délivré le pays du gouvernement des *sires;* les communes d'Avignon, d'Arles et de Marseille rêvaient de reconquérir leur ancienne indépendance, quand les frères du roi, Alphonse, comte de Toulouse, par son mariage avec Jeanne, fille unique de Raymond VII, et Charles, comte de Provence, par son mariage avec Béatrix, paraissent tout à coup devant la ville d'Arles, dont les portes leur sont ouvertes par la trahison de l'archevêque et du podestat. Avignon songe à faire résistance. Les princes se rendent à Beaucaire pour aviser aux moyens de réduire une ville sur laquelle ils croyaient avoir un droit égal, aux termes de ce qu'ils appelaient le partage de 1125. L'ours était par terre : on pouvait songer à se partager ses dépouilles. D'ailleurs, sur quelles ressources, malgré l'énergie de ses habitants, pouvait compter une ville sans remparts et réduite à quelques tours intérieures? Elle se divisa en plusieurs factions qui excitèrent de graves séditions. Le podestat Barral des Baux, le même qui venait de livrer Arles, traitait secrètement avec les princes, comme il l'avait déjà fait avec la reine Blanche. Enfin, le conseil général envoie une députation aux princes, au château de Beaucaire. Une convention est signée le 7 mai 1251 et ratifiée en 26 articles, trois jours après, par les princes, devant les degrés de l'église métropolitaine, en présence des évêques et des principaux seigneurs. Les conditions étaient encore honorables : toute liberté n'y fut pas ensevelie. La commune d'Avignon put encore se glorifier d'avoir, quoique démantelée et malgré la trahison de son podestat, obtenu un glorieux esclavage. Son rôle politique finissait, il est vrai, après cent vingt ans de grandeur, de prospérité et d'orages ; mais Avignon, sous la souveraineté indivise des comtes de Toulouse et de Provence, conservait le privilége d'être gouvernée par des officiers particuliers. Elle ne fut unie ni à la Provence, ni au comtat Venaissin, mais regardée comme terre adjacente, de telle sorte que son viguier n'eut aucune juridiction sur le Comtat et le sénéchal de celui-ci, comme ceux de Provence, n'eurent aucune sorte d'autorité dans Avignon.

La comtesse Jeanne, dernier rejeton de la maison de Saint-Gilles, avait, l'année même de sa mort, en 1270, donné le comtat Venaissin à Charles d'Anjou, son beau-frère, sauf les villes de l'Isle et de Cavaillon; mais, à peine débarqué, le fils de saint Louis, Philippe III, en décide autrement. Il en fait prendre possession (1271). L'héritier de saint Louis débutait par un vol, pour mériter, sans doute, le surnom de *Hardi*. Charles, comte de Provence, élève des réclamations. De son côté, le pape Grégoire X invoque le bénéfice du traité de 1229. Pontife éminent, il voyait combien ce pays serait important pour la papauté dans le cas où les séditions, si fréquentes à Rome, et l'agitation de l'Italie la forceraient de chercher un asile au delà des Alpes. Il prévoyait que bientôt il n'y aurait plus d'abri pour elle dans cette malheureuse péninsule, qui s'abreuvait d'un sang généreux, guelfe ou gibelin. Des négociations furent entamées au concile de Lyon, et, au mois d'avril 1274, Philippe lui fit remettre le comtat Venaissin par son sénéchal de Beaucaire. Prévoyait-il toute l'influence qu'on pourrait exercer un jour sur la papauté ainsi rapprochée? Entrevoyait-il déjà la possibilité de la mettre en chartre privée? Cette idée eût été profondément politique. Toutefois, le roi de France se réserva la moitié de la ville d'Avignon, qui appartenait au comte de Toulouse. Le 14 août 1290, elle fut cédée à Charles II, roi de Naples et comte de Provence, dont la fille Marguerite, en épousant Charles de Valois, frère de Philippe le Bel, lui apportait, comme riche corbeille de noces, les comtés du Maine et d'Anjou. Charles II se trouva réunir ainsi toute la ville d'Avignon. Il la laissa, avec son comté de Provence et son royaume, à son troisième fils Robert et celui-ci à sa petite-fille, Jeanne Ire, qui, au mois de juin 1348, la vendit au pape Clément VI, moyennant la somme de 80 000 florins d'or, réellement payés.

La période papale (1309-1376) que les Italiens, dans leur dépit, ont essayé de flétrir du nom de *seconde captivité de Babylone*, ne fut pas dépourvue de grandeur, de vertus et d'indépendance. Sept pontifes, probes et intelligents, ne faillirent point aux grands intérêts de l'Église; et si le succès ne répondit pas en tout à leur bonne volonté, la faute en fut moins à une absence de génie qu'aux circonstances malheureuses. Le temps des Grégoire VII et des Innocent III n'était plus; mais l'impartialité historique seule fera toujours un devoir de reconnaître que les clefs de saint Pierre ne furent point indignement placées, comme on s'est plu à le faire croire, aux mains de Clément V (1305-1314), de Jean XXII (1316-1334), de Benoît XII (1334-1342), de Clément VI (1342-1352), d'Innocent VI (1352-1362), d'Urbain V (1362-1370) et de Grégoire XI (1371-1378). Il ne faut pas prendre à la lettre les diatribes poétiques de Pétrarque, les pamphlets de Villani et, encore moins, les divagations de certains historiens modernes. Les Italiens ne pouvaient pardonner aux pontifes français leur séjour sur les bords du Rhône.

Avignon ne pouvait que gagner à remplacer Rome. La papauté décora cette ville de ce qui fait encore aujourd'hui son orgueil : de ces murs d'enceinte qui devaient la mettre à l'abri des routiers et de ce palais *dominant en cavalier,* comme dit un chroniqueur, *le modeste manoir de la reine Jeanne, qui ne semblait qu'un petit nid auprès.* Du séjour des pontifes datent ses principaux établissements religieux et ses grands édifices, restes des *livrées* des cardinaux. L'or de la chrétienté reflua dans ses murs ; le luxe et l'aisance descendirent dans toutes les classes. De nouveaux flots de population, laïque et cléricale, accoururent pour jouir des splendeurs de la cour romaine. Il fallut songer à élargir l'enceinte. C'était la quatrième et celle qui existe aujourd'hui. Entreprise par Clément VI et complétée par deux de ses successeurs, elle embrassa une vaste étendue de terrains vacants, quelques îlots que le Rhône avait délaissés, *plusieurs vergers et autres lieux agréables,* comme disent les chroniques (1).

Le schisme d'Occident porta un grand coup à cette prospérité matérielle, par le siége que Benoît XIII eut à essuyer, en 1398, dans le palais, qui *était bien la plus belle et plus forte maison du monde,* comme dit Froissard, et par celui que soutint, en 1411, son neveu, Rodrigue de Luna, et dont les conséquences furent désastreuses pour une partie de la ville et de ses monuments. Elle allait en s'affaiblissant sous la domination calme et facile des vice-légats, quand elle fut arrêtée, vers la fin du XVe siècle, par l'arrivée de ces aristocratiques marchands de Florence, qui, bannis à la suite de la conspiration des Pazzi, refluèrent dans Avignon et le Comtat où leur fortune, soutenue par le négoce et le prêt, leur assura bientôt une grande importance territoriale.

En 1536, l'empereur Charles-Quint entre en Provence avec cinquante mille hommes. François Ier convoque son armée à Lyon et forme le projet de s'assurer d'Avignon, qui, à l'abri de la Durance, dont le passage est difficile, et du Rhône, autre boulevard qui lui amène les provisions nécessaires, lui paraît propice à devenir une place d'armes et le centre de ses opérations stratégiques. Il est vrai que la ville est comprise dans la neutralité par le traité signé avec le pape ; mais le légat est soupçonné de s'entendre avec Ferdinand

---

(1) Baluze, Ier *Vita Innocent.* VI.

de Gonzague et les chefs de l'armée ennemie. Le sire de Vieilleville, à la faveur d'un stratagème, s'empare donc du vice-légat, de la ville, et nul doute que cette occupation hardie n'ait été pour beaucoup dans le mémorable échec qui suivit la tentative de l'empereur (1).

En 1562, Fabrizio Serbelloni, général des troupes pontificales dans le Comtat, pour mettre Avignon à l'abri d'un coup de main, pendant les guerres de religion, fait creuser plus profondément les fossés et réduire quelques tours en plates-formes pour y placer l'artillerie, qui consistait en quarante-deux pièces. Quatre moulins à vent furent construits sur le rocher. Ces précautions ne furent pas inutiles. Avignon fut presque la seule ville du Comtat respectée par les calvinistes. Le 24 septembre 1564, Charles IX y fit son entrée, accompagné de la reine mère, du duc d'Anjou, du prince de Navarre, de Marguerite de France, du duc et de la duchesse de Savoie, du connétable de Montmorency, des cardinaux de Bourbon, de Guise, de Joyeuse et des plus grands seigneurs de la cour. Les États de la province offrirent au jeune roi un chapeau en broderies, orné de perles et de diamants, dont il fut si satisfait qu'il n'en voulut point d'autre tant qu'il séjourna à Avignon. Il en partit le 16 octobre suivant pour se rendre en Provence. L'année suivante, sur la proposition du roi, la légation d'Avignon fut donnée au cardinal de Bourbon, et comme les troubles du royaume réclamaient encore sa présence, le pape lui associa le cardinal d'Armagnac, qui fixa son séjour dans cette ville. Ce choix compensait dignement la nullité du prince dont on voulut, plus tard, faire un roi de France.

En 1578, une conspiration fut éventée, puissante par le nombre et la position des conjurés. Ceux de bas étage furent immédiatement exécutés. Les autres, qui appartenaient aux premières familles, obtinrent facilement qu'on retardât leur jugement; mais, en 1581, le commissaire papal, Georges Diedo, homme ferme et incorruptible, arriva avec de pleins pouvoirs, cassa les procédures déjà faites, et ayant reconnu que le plan des conjurés était de livrer la ville aux huguenots, il les condamna tous à mort. Ils furent exé-

(1) *Mém. de Vieilleville*, liv. I, c. XVI et XVII. Bouche, et Fantoni, l'historien italien d'Avignon, ne mentionnent point ce curieux épisode. Celui-ci, pour sauvegarder sans doute les droits et l'amour-propre du saint-siége, donne à entendre que la ville ouvrit ses portes à un roi qu'elle affectionnait beaucoup. « Non è però mara-« viglia, che spesse volte entrasse questo re in una città che gli era tanto affezio-« nata. » *Istoria della città d'Avignone*, etc., I, p. 360.

cutés devant l'église de Notre-Dame. L'arrière-pensée des conjurés, à en juger par leurs noms et qualités, était de livrer Avignon à la France. On conçoit dès lors la rigidité du commissaire pontifical. Il existait un parti français, c'est positif; les rois de France ne manquaient aucune occasion de l'entretenir (1). La grande émeute de 1652, commencée par une querelle d'étiquette entre le vice-légat et l'évêque de Carpentras, Alexandre Bichi, homme ambitieux et tracassier, faillit lui donner gain de cause. On tendit des chaînes dans les rues; on éleva des barricades. L'hôtel de Cambis fut pillé et brûlé. La ville entière fut partagée en deux camps, le peuple et les nobles, les *pévoulins* et les *peçugaóus*, pour employer les dénominations de l'époque. Enfin, tout se termina par une transaction; mais le pouvoir pontifical aura désormais à regretter sa prépondérance perdue. Son rôle de médiateur vient de lui aliéner les deux partis, car personne n'est satisfait. Aussi, quand Louis XIV entra dans Avignon, le 19 mars 1660, tous les honneurs lui furent rendus comme au souverain légitime. L'orateur de la ville commença sa harangue par ces mots : « *Votre* ville d'Avignon, sire.... » Arrivé au milieu du pont Saint-Benezet, le jour de son départ, Louis XIV tourna la bride de son cheval et admira un moment le magnifique panorama qui se déroulait devant lui. Cherchait-il déjà un prétexte pour ajouter ce riche fleuron à sa couronne?

Ce fut la cour de Rome qui le lui offrit. Comme elle faisait trop attendre la réparation de l'insulte faite par la garde corse aux gens du duc de Créqui, ambassadeur de France, le roi donna ses ordres au parlement de Provence, qui déclara qu'Avignon et le Comtat étaient de l'ancien domaine des comtes de Provence et de Toulouse; qu'ils n'avaient pu être aliénés ni séparés, et, par arrêt du 26 juillet 1663, il les déclara réunis à la couronne. Mais le pape ayant, par le traité de Pise, donné à Louis XIV toutes les satisfactions exigées, rentra, au mois d'août 1664, en possession de ses domaines. Ce ne fut pas sans peine. Sous le pontificat d'Innocent XI, la bonne harmonie fut de nouveau troublée à propos de la *régale* et du droit de *franchise*. Le roi fit de nouveau saisir Avi-

---

(1) Henri III, pendant son séjour à Avignon, en 1564, avait pris goût aux processions des *blancs battus* ou pénitents blancs qu'il introduisit à Paris. Il y figura, comme nous avons vu Louis VIII figurer aux processions des pénitents gris. Était-ce un souvenir de ces cérémonies ou ambition de posséder cette riche contrée qui lui fit demander l'échange d'Avignon avec le marquisat de Saluces? Le duc de Joyeuse, son ambassadeur à Rome, en fit la proposition, qui fut rejetée. Voy. le *Journal de Henri III*, 1583.

gnon et le Comtat, au mois d'octobre 1688, et les rendit, un an après, à Alexandre VIII. L'enthousiasme des Avignonais ne fut pas grand, s'il faut en juger par ce simulacre d'arc triomphal qu'on voit encore à la porte Saint-Michel.

Louis XV, épousant la querelle de l'Europe contre Clément XIII, à l'occasion du duc de Parme et des jésuites, fit occuper militairement Avignon et le Comtat, en 1768. Le comte de Rochechouart vint dire au vice-légat : « Monsieur, le roi m'ordonne de remettre Avignon en sa main, et vous êtes prié de vous retirer. » C'était la formule usitée en pareil cas (1). Mais le nouveau pontife Clément XIV rentra dans les vues du préjugé européen ; il prononça l'abolition des jésuites, et par lettres patentes du 10 avril 1774, il fut remis en possession d'Avignon et du Comtat. Des chansons avaient accueilli les soldats français de Louis XV; quelques caricatures signalèrent la chute des juges de ses sénéchaussées. Ce que gagnèrent les Avignonais à cette occupation de six années, ce fut le maintien des droits d'entrée. Ce sont de ces héritages que les gouvernements acceptent assez volontiers, à toutes les époques. Cependant, malgré leur vif désir, les rois de France ne se sentirent pas le courage de revenir sur la vente *maudite* d'Avignon, sur cette chaîne, toujours mal rivée, qui remontait à 1348 pour une ville qui acclamait les princes français avec enthousiasme (2) et à l'année 1274 pour le Comtat. Rome la croyait indestructible : elle ne comptait pas sur le marteau des révolutions !

L'unité française était un besoin, ou plutôt une nécessité. L'homogénéité de la langue et des mœurs réclamait l'homogénéité du gouvernement et des lois. Malheureusement, les révolutions ne s'opèrent point sans troubles et sans perturbation. Il fallut payer la dette du sang. De cette époque lamentable nous ne prendrons que les dates nécessaires à l'histoire. C'est le pied sur des cadavres que fut demandée, au milieu d'une assez vive résistance, la réunion à la France (12 juin 1790). Dans le sein de l'Assemblée nationale, Camus, orateur de mensonge, félicita le peuple avignonais *d'avoir conquis sa liberté.* Cependant, la question fut d'abord ajournée indéfiniment, puis renvoyée au pouvoir exécutif; puis

---

(1) Calvet (t. V, p. 116 de ses mss. à la bibliothèque d'Avignon) donne à entendre que cette occupation était due à ce que toutes les apologies en faveur des jésuites partaient d'Avignon. On crut leur enlever ce dernier refuge.

(2) Monsieur, comte de Provence, depuis Louis XVIII, disait, en parlant de son voyage dans le midi, en 1776 : « J'ai été reçu à Lyon comme un prince, à Marseille, comme un roi, à Avignon, comme un dieu. »

reprise et quittée encore par des ergoteurs de mauvaise foi. Enfin, malgré la légitime indignation de l'abbé Maury, contre le vœu de la majorité des communes qui avaient osé voter le poignard sur la gorge, l'Assemblée nationale décida, le 14 septembre 1791, qu'Avignon et le Comtat faisaient, dès ce moment, partie intégrante de l'empire français. Cette naturalisation un peu forcée jeta le pays dans l'insurrection girondine. Le 26 juillet 1793, le général Cartaux attaqua Avignon. Tout à coup, l'artillerie marseillaise qui occupait la plate-forme du rocher cesse son feu et se dirige vers la Durance. Le général apprend que ce résultat est dû à la manœuvre du commandant de la colonne d'artillerie qui avait suivi la rive droite du Rhône et pris position à Villeneuve. Or, ce jeune commandant était Napoléon Bonaparte. Avignon fut le théâtre de son premier fait d'armes (1).

Par l'article 6 du traité de Tolentino (19 février 1797), le pape renonce purement et simplement à tous les droits qu'il pourrait prétendre sur la ville et le territoire d'Avignon, le comtat Venaissin et ses dépendances, et transporte, cède et abandonne lesdits droits à la république française. L'article 25 porte que tous les articles, clauses et conditions du présent traité, sans exception, sont obligatoires, tant pour Sa Sainteté Pie VI que pour ses successeurs. C'était annuler d'avance certaines protestations que publièrent les journaux à la seconde restauration. Cette antique cité est aujourd'hui une des plus belles, des plus industrieuses de l'empire français. Après avoir fait passer sous les yeux du lecteur les différents pouvoirs qui se sont succédé dans ses murs, il nous reste à donner une idée des souvenirs archéologiques que chacun d'eux y a laissés.

Les Massaliotes, à qui le burg cavare d'Avignon dut sa première importance et ses premiers germes de civilisation, n'ont laissé, comme trace de leur passage, que ces petites monnaies d'argent que l'on rencontre par centaines dans les fouilles, et dont on

---

(1) *Mém. du général Doppet.* — Le 29 juillet suivant, soupant à Beaucaire avec des négociants de Nîmes, de Marseille et de Montpellier, une discussion s'éleva sur la situation politique de la France, que Bonaparte résuma dans le *Souper de Beaucaire*, brochure imprimée sans nom d'auteur, à Avignon, chez Sabin Tournal, rédacteur du *Courrier d'Avignon*, avec une introduction par Fréd. Royou. Cette brochure fut composée pendant le séjour de près d'un mois que Bonaparte fut obligé de faire à Avignon pour le rétablissement de sa santé. Il était logé chez M. Bouchet, rue Calade, vis-à-vis le Musée Calvet. C'est de là qu'il partit pour aller préluder, à Toulon, à ses grandes destinées impériales.

trouva une quantité considérable en creusant les fondations du théâtre actuel. Elles sont au type d'Apollon, portant au revers une roue à quatre rayons, avec les trois lettres **ΜΑΣ** intercalées (1).

Nous avons déjà vu que le rocher des Doms fut le berceau d'Avignon. Au sommet était le temple de l'Hercule gaulois. Rome, qui adoptait par politique les dieux des nations vaincues, le releva. Des habitations, celles des prêtres, sans doute, étaient groupées autour du temple. On a retrouvé dernièrement encore des fragments qui l'indiqueraient ; mais, sur plusieurs points, les vestiges romains sont incontestables. Au flanc méridional du rocher était adossé le théâtre. Ce système d'appui, également employé à Orange, à Vaison, et généralement partout, dispensait d'élever des massifs en maçonnerie. Les dimensions du théâtre étaient assez considérables, s'il faut en juger par les arcades à grand appareil que l'on voit encore dans l'arrière-boutique de l'ancienne maison Barret, dans le jardin de M. le docteur Clément (place Saint-Pierre), et par les fragments des marbres antiques trouvés à l'angle de la maison Collet et du jardin Poncet. Une tête de Jupiter en marbre, avec barbe et diadème (au musée Calvet), fut trouvée sur l'emplacement de la maison Pamard. La coupure faite dans le rocher, aujourd'hui rue Peyrolerie, était sans doute une des avenues ou un corridor pour monter aux temples qui décoraient la plate-forme.

L'emplacement de l'hippodrome est aussi facile à préciser. Derrière le puits de la Madeleine est un massif de construction romaine, composé de grands blocs superposés sans ciment ; c'est le commencement d'une série d'arcades qui se prolonge à travers plusieurs maisons de la rue Petite-Fusterie, jusqu'à Saint-Agricol. Là, on a reconnu un mur formant retour au midi, sous l'église. Au delà du puits, on retrouve quatre arcades très-bien conservées, dans le local des religieuses de Saint-Charles. Peut-être se prolongent-elles au delà ; la dénomination de *rue des Grottes*, donnée à la rue qui conduit de la Madeleine à la porte du Rhône, et qui se

---

(1) D'après Raoul Rochette et M. de La Saussaye, cette roue ne serait autre chose que le disque à quatre rayons qui se plaçait sur le trépied fatidique de Delphes, le κύκλος μαντικός, l'un des principaux symboles d'Apollon Pythien. Apollon ou Belinus était la personnification du système philosophique et religieux des druides ; or, les peuples soumis à leur autorité durent accepter volontiers le principal symbole de ce dieu. Les médailles des Cavares, en argent, ont pour type le cheval en course et pour légende **CAV**. On a des médailles d'Avignon en bronze, au type de tête d'Apollon laurée, de Diane tourrelée, sanglier en course et taureau cornupète, avec les légendes **ΑΟΥΕ. ΑΥΕ. ΑΟΥΕΝΙΟΑΝ.**

trouve dans l'alignement des arcades, pourrait le faire supposer avec quelque raison. Au milieu de cette ligne, et dans la maison Dumas, on remarque une colonne assez forte qui se trouve engagée dans le mur des arcades. Cette colonne, cannelée et rudentée, a 0^m,80 de diamètre; elle est unie à une plus petite, aussi cannelée, qui semble la pénétrer. Etait-ce le jambage d'une des portes d'entrée de l'hippodrome? Dans la maison Chaussi, la margelle du puits, faite d'une frise ornée d'énormes feuilles d'acanthe, peut donner une idée de la décoration de ce monument. Les substructions se suivent sur une ligne droite de 200 mètres, et vont sans doute au delà; mais elle sont enclavées dans les maisons. Cette ligne étant donnée, il est facile de déterminer la direction de l'autre face latérale et de la *Spina*. Voilà ce qui explique la direction en ligne droite des rues Petite-Fusterie et du Limas, chose anormale dans Avignon. Cette direction était la conséquence de l'application, postérieurement exécutée, des maisons contre les façades de l'hippodrome (1).

Des mosaïques assez communes, il est vrai, ont été trouvées sur plusieurs points, à deux et trois mètres de profondeur. Des fragments de colonnes servent encore de bornes dans plusieurs quartiers de la ville. La place de l'Horloge était couverte par un grand édifice. Etaient-ce des thermes ou une basilique? c'est ce qu'il est difficile d'apprécier. De grandes substructions furent mises à jour, lors de la construction du théâtre actuel (2); mais en creusant les fondations de l'hôtel de ville, on vient de trouver des massifs à grand appareil. La plupart des blocs, chargés de sculptures, ont été transportés dans une arrière-cour du musée Calvet. L'ornementation un peu archaïque et des fragments d'inscriptions bilingues, grecque et latine, feraient supposer que le monument datait du Ier siècle de l'occupation romaine (3). Si Avignon est moins

(1) On a cru pendant longtemps que ces arcades avaient servi à soutenir les remparts et qu'elles étaient baignées par les eaux du Rhône. On peut s'en convaincre par la vue des anciennes armoiries de la ville. Quelques auteurs en ont fait un aqueduc. Nous croyons leur avoir rendu leur véritable destination.

(2) En travaillant à ces fondations, on découvrit, sous des fragments modernes, des monnaies papales, puis des pièces karlovingiennes, puis le monument romain, et enfin un vase contenant une grande quantité de petites médailles massaliotes en argent, agglomérées par la patine antique. On peut voir cette trouvaille sous une des vitrines du musée Calvet. Cette superposition, monumentale et numismatique, donne, en sens inverse, la succession des principaux pouvoirs qui ont possédé notre sol.

(3) Il serait fort difficile, pour le moment, d'assigner une destination au monu-

riche en monuments gallo-romains que certaines villes voisines, bien qu'elle les ait jadis éclipsées par la suprématie que lui donnaient son rang, sa belle position, et l'importance de son commerce avec l'intérieur de la Gaule et le littoral de Méditerranée, cela est principalement dû aux sacrifices qu'elle fut obligée de faire pour sa défense, exposée, comme elle le fut, aux terribles visites des Francs et des Arabes.

Il va sans dire que ces deux peuples n'y laissèrent que des ruines. Les hagiographes nous parlent des églises relevées par divers évêques, et rétablies presque toutes par Fulchérius, au commencement du X° siècle. Des grands travaux dus à cet illustre prélat, qui comprit et aida puissamment l'œuvre réparatrice des Bozons, il ne reste plus que le porche de l'église de Notre-Dame des Doms, y compris le soubassement du clocher, jusqu'aux minces colonnettes engagées. C'est évidemment une copie, ou plutôt une réminiscence de l'architecture romaine, exécutée par des artistes qui avaient conservé le sentiment de l'antique (1). Plus tard, aux XI° et XII° siècles, les *maistres des œuvres* n'eussent point maintenu aussi purement ce goût sévère et cette sobriété d'ornementation qui caractérisent l'architecture du grand siècle. Encore une fois, le porche n'est pas antique, comme on pourrait le croire à première vue; il n'appartient pas non plus à l'époque de la résurrection de l'art en France. Nous ne reviendrons pas sur les raisons déjà émises par nous dans cette *Revue*, qui nous le font croire l'œuvre de Fulchérius, au commencement du X° siècle (2).

Quant à l'église en elle-même, nous placerons ici quelques réflexions, ne serait-ce que pour faire justice, une fois pour toutes, de certaines prétentions qui peuvent flatter l'amour-propre local, mais qui ne sauraient résister à une critique raisonnable. Des hagiographes ont attribué les fondations de Notre-Dame des Doms à sainte Marthe, d'autres à Constantin, le plus grand nombre enfin à Charlemagne. Cette dernière opinion a prévalu pendant long-

ment d'où proviennent ces énormes fragments. Il y a des inscriptions qui appartiennent évidemment à des monuments funéraires : une d'entre elles, relative à un membre de la famille Atia, est de la belle époque. Certains blocs, décorés de courses de char et d'ornements guerriers en relief, ainsi que d'immenses tambours de colonnes cannelées, appartiennent sans doute à un monument triomphal. Auraient-ils fait partie d'un portique conduisant à l'hippodrome comme à Orange?

(1) Pour la vue du porche, voir la *Revue archéolog.*, I, p. 474, et Batissier, *Éléments d'archéolog.*, p. 479.

(2) Voir la *Revue archéolog.*, 1, 474, 533 et 602, pour la description de cette œuvre remarquable et la discussion à laquelle elle a donné lieu.

temps. Le système architectonique du porche y était pour beaucoup. On faisait à cet empereur les honneurs de toutes les cathédrales du midi, comme on faisait dater toutes nos ruines des Sarrasins, et toutes nos vieilles tours des Templiers. Nous ne possédons rien de ce grand empereur, lequel n'est jamais venu en Provence, où il n'y eut de son temps point de Sarrasins à défaire. Voici sans doute l'origine de ce préjugé.

D'après le testament de Charlemagne, les deux tiers de ses trésors devaient être répartis entre vingt et une métropoles, dont Arles faisait partie. De la portion qui revenait à chacune, le métropolitain devait en retenir un tiers pour son église, et répartir les deux autres entre les cathédrales suffragantes. Or, l'église d'Avignon, soumise alors à celle d'Arles, dut avoir sa part, et quelques libéralités à d'autres églises ont fait croire plus tard à leur fondation par Charlemagne (1). Le produit de ce legs contribua tout au plus à quelques grosses réparations rendues indispensables par les dégâts de Karle-Martel, des Sarrasins, et peut-être même des évêques guerriers. Il est donc impossible d'assigner une date à l'édification de la métropole primitive qui dut s'élever sur l'emplacement d'un temple païen. Cette première construction fut remplacée, au Xe siècle, par celle dont le porche faisait partie. Deux siècles plus tard, quelque grave accident, un incendie peut-être, fit élever la

---

(1) « Si commanda par tout son roiaume à touz les évesques et à tous ceulx à cui les cures appartenoient, que toutes les églises et toutes les abbaies, qui estoient descheues par veillece fussent refaites et restorées; et pour ce que ceste chose ne fust mise en nonchaloir, il leus mandoit expressément, par ses messages, que ils accomplissent son commandement. » *Chroniq. de Saint-Denys*, l. III, 1. La restauration est acceptée par les auteurs de la *Gallia Christiana*, eccles. aven., p. 790. On a dit aussi que Charlemagne substitua des prêtres séculiers aux moines qui desservaient la cathédrale. Ceci n'est pas plus vrai et serait une contradiction évidente avec une de ses idées constantes, qui était de ramener le clergé de son empire à une institution régulière. Il voulait qu'on fût ou moine ou chanoine. *Karoli M. Capitul.*, a. 789, 71; a. 802, 22; a. 805, 9. Le clergé du midi fut plus rebelle que celui du nord; car, bien que l'institution régulière fût imposée par le concile d'Aix-la-Chapelle, en 817, nous ne voyons les chanoines réguliers de Saint-Augustin installés à la métropole d'Avignon qu'en 1096. C'est à son passage en cette ville, en 1096, que le pape Urbain II accorda aux chanoines de Notre-Dame des Doms, qui, sous son autorité, embrassèrent la règle de Saint-Augustin, le droit d'élire leur évêque. Il est vrai que cette tentative d'introduire l'austérité claustrale dans un clergé féodal et de le faire renoncer au baudrier d'or, aux éperons, aux couteaux diamantés, aux chiens et aux faucons, fut pour beaucoup dans les malheurs de Louis le Débonnaire. Dans le midi, ceux qui s'emparèrent du pouvoir s'appuyèrent sur le clergé et fermèrent les yeux, se gardant bien de choquer ses prétentions féodales.

nef que l'on voit aujourd'hui. C'est une imitation de la basilique, sans collatéraux, avec une voûte ogivale en berceau, et les baies en plein cintre ; mais, contre l'usage commun des églises romanes, elle est beaucoup trop longue pour sa largeur, comme on peut s'en convaincre à la vue du plan ci-joint. Elle fut augmentée encore au XVIIe siècle de toute l'abside que l'on a raccordée au corps principal. La partie la plus remarquable est une coupole sur pendentifs, avec des traces d'anciennes peintures, se terminant par une lanterne octogone. L'architecte n'y est arrivé que par une suite d'arcs en encorbellement. Chaque pan de celle-ci est terminé extérieurement par un long pilier cannelé ; mais, par une circonstance bizarre, il existe un petit intervalle entre son chapiteau et la corniche à modillons qui devait rapporter le couronnement. Ceci est-il dû à un remaniement postérieur? c'est probable. Chaque face de la coupole est percée d'une ouverture dont l'archivolte est supportée par deux petites colonnettes également cannelées. Le massif qui supporte la coupole est percé, de chaque côté, d'une baie évasée à plein cintre. Il n'y a point de transepts.

Les autres parties de l'église sont de diverses époques. Le clocher gênant la défense de la tour voisine, lors du siége du palais en 1410, Rodrigue de Luna le fit abattre jusqu'aux colonnettes engagées, et il ne fut reconstruit qu'en 1431, sur le modèle sans doute de celui de la charmante chapelle de Notre-Dame d'Aubune, près d'Aubignan. En voyant les délicates ciselures des tribunes qui courent le long des murs latéraux et s'évasent en jolis nids d'aronde sur le renflement des piliers, on est tenté de pardonner à cette superfétation de la renaissance. Le dessin fut donné par P. Mignard, l'Avignonnais, l'architecte-peintre, dont la tombe est dans l'église Saint-Agricol. La chapelle de la Résurrection, où l'on voit une Vierge de Pradier fléchissant sous le poids de ses draperies, est une véritable chapelle italienne avec dôme, surchargée de sculptures ; elle fut bâtie par l'archevêque Libelli, vers 1680. Dans le chœur, on remarque l'ancien siége en marbre des papes, qui sert aujourd'hui aux archevêques. Dans une chapelle latérale, recouverte des fresques d'Eugène Devéria, on voit le tombeau de Benoît XII, dont le caractère sombre et défiant semble se refléter dans son modeste mausolée. Quel contraste avec celui de Jean XXII, délicieux échantillon du gothique fleuri, lequel après maints changements, comme si la mort avait aussi ses révolutions, se trouve relégué dans une sacristie, où le respect de l'art lui assurera peut-être un abri ! De belles fresques du XIVe siècle, attribuées à Simon

Memmi, ornaient le tympan de la porte d'entrée; on les a presque entièrement détruites pour enlever le bleu d'outre-mer. Une peinture un peu moins ancienne couvre les murs du narthex qui précède la nef : c'est le baptême de Jésus-Christ par saint Jean, avec la famille du donataire très-probablement. Cette fresque est curieuse pour les coiffures et les costumes du temps. — Entre la métropole et le palais était un cloître roman, qui fut détruit à la révolution. Il était formé par cinquante-deux arceaux, reposant sur une double colonnette de marbre de différentes couleurs, avec des chapiteaux historiés. On peut en voir quelques-unes au musée Calvet, salle du moyen âge.

Le XII° siècle, qui fut l'époque la plus florissante de la commune avignonnaise, vit s'élever le pont de pierre, le premier qui unit les deux rives du Rhône. Une œuvre aussi prodigieuse pour l'époque devait nécessairement appeler le merveilleux : aussi dans le jeune berger d'Alvilar, devenu chef d'une corporation de *frères pontifs*, les chroniqueurs ne virent qu'un élu du ciel, obéissant à une inspiration divine. Quoi qu'il en soit, de 1177 à 1188, Benezet entreprit et termina ce pont, remarquable par la légèreté et la hardiesse de ses arches. Les quatre du côté d'Avignon, grâce à de nombreuses réparations, ont survécu au grand écroulement de 1669. Entre la deuxième et la troisième s'élève une petite chapelle romane, contemporaine du pont, laquelle a subi une modification intérieure, et où reposèrent, jusqu'en 1674, les dépouilles mortelles de Benezet, dont la population avignonnaise et l'Église ont fait un saint (1).

Le XIII° siècle, comme nous l'avons vu dans la partie historique, fut une époque de désolation et de ruines pour la cité avignonnaise. Tours, remparts, maisons seigneuriales, tout croula sous les foudres de l'excommunication; mais il était réservé à l'Église de réparer les maux qu'elle avait ordonnés. Quand, par des motifs indépendants de la volonté, son auguste représentant vint fixer son séjour sur les bords du Rhône, abandonnant momentanément ceux du Tibre, Avignon se trouva remplacer Rome, et, à la voix des souverains pontifes, des monuments s'élevèrent, qui devaient con-

---

(1) *Benezet* veut dire petit Benoît, en provençal, *Benezech*, fils de la fortitude, en arabe. Pour la légende de saint Benezet, voir les *Annales* de Baronius, Théop. Raynaud, Nouguier et l'*Hist. de saint Benezet, entrepreneur du pont d'Avignon*, par Agricol Magne (de Haitze), Aix, veuve David, 1708, in-12; *Vie de saint Benezet*, par Disambec (de Cambis), Avignon, 1670, in-12. Le pont de Lyon fut bâti par la même société des *Frères pontifs*, en 1240; celui du pont Saint-Esprit, en 1265 (l'ouvrage dura quarante-cinq ans), et celui de Vienne à peu près à la même époque.

courir soit à sa défense, soit à son embellissement. Plusieurs ont disparu sous le marteau de l'industrie ou des vandales révolutionnaires; mais presque tous ceux qui survivent et qui donnent à cette ville une physionomie si pittoresque et si exceptionnelle, datent du XIVe siècle. Nous mentionnerons les principaux.

Une fois maître d'Avignon par la vente de 1348, Clément VI songea sérieusement à l'embellir, puis à la fortifier. Ce n'était pas assez de donner un magnifique complément au palais apostolique; il fallait mettre la ville à l'abri des bandes indisciplinées qui ravageaient plusieurs provinces de la France. Par ses ordres, en 1349, des remparts s'élevèrent donc depuis le rocher des Doms jusqu'à la porte actuelle du Rhône; ils furent bâtis à ses dépens et ne portaient que ses armes. En 1356, un favori du pape Innocent VI, Hernandez de Heredia, ayant été nommé gouverneur d'Avignon et du Comtat, présida en cette qualité à la construction de cette partie des remparts qui s'étend depuis la Sorguette jusqu'à la porte Saint-Lazare. La dépense fut considérable : les nations étrangères y contribuèrent. Le cardinal Philippe de Cabassole rapporta de grandes sommes d'Allemagne. Outre l'impôt sur le sel et le vin, chaque habitant, sans distinction, fut taxé à un florin (1). L'espace embrassé par Innocent VI était considérable; il embrassait *des vergers et des lieux agréables*, ainsi que l'hôpital nouvellement fondé et construit par Bernard de Rascas (1^a *vita Innoc. VI, ap. Baluz.*).

Au mois de novembre 1358, les eaux de la Durance renversèrent la porte Saint-Lazare et un pan des murs nouvellement construits. Enfin, de 1364 à 1368, le pape Urbain V fit procéder à l'achèvement des murailles, en les continuant depuis la Sorguette jusqu'à la porte du Rhône, et depuis la porte Saint-Lazare jusqu'au

---

(1) L'abbé de Vertot, dans son *Histoire de Malte*, t. V, p. 265, dit que Heredia, pour ne pas paraître ingrat envers son bienfaiteur, fit entourer, *à ses dépens*, la ville d'Avignon d'épaisses murailles. Ceci est aussi vrai que le fameux siége de Rhodes. Il est prouvé que trois pontifes ont successivement fait travailler aux remparts. Les historiens de la vie d'Innocent VI mentionnent les impôts sur le sel et le vin, la gabelle et le *souquet*, que l'on mit à cette occasion. Enfin, nous avons les bulles mêmes de ce pontife; et, ce qui doit lever tous les doutes, c'est la présence, aux archives de la ville, des prix faits donnés aux maçons, et des acquits de ceux-ci en faveur des consuls. Il n'est nullement question de Heredia. Ses armoiries ne se rencontraient nulle part, tandis que les armes de la ville étaient accolées à celles des souverains pontifes. Or, le favori d'Innocent n'eût pas manqué de réclamer ce privilége, s'il eût fait à lui seul une pareille dépense, d'ailleurs impossible. Ces renseignements auraient pu facilement parvenir à l'historien de l'ordre de Malte; mais apparemment son siége était fait.

rocher, en longeant le Rhône. Il fit aussi relever la partie qu'Innocent VI avait fait construire depuis la porte Saint-Michel jusqu'à celle de Limbert, et qu'un débordement du Rhône et de la Durance venait de renverser. Cette enceinte, remarquable par son état de conservation, offre un développement de plus de 4000 mètres et trente-neuf tours, dont une ronde sur base conique, une polygonale, deux semi-circulaires, et les autres carrées verticales. Quelques-unes sont ouvertes à l'intérieur. Elles sont espacées 100 à 120 mètres l'une de l'autre. Dans les intervalles, il y a une, et, plus souvent, deux petites saillies sur les courtines, renfermant une arcature ogivale ou à plein cintre couronnée de machicoulis et de créneaux rectangulaires, pareils à ceux des remparts. Ces saillies étaient destinées à relier les tours principales trop distancées, et à protéger la courtine en offrant une seconde galerie plus élevée. On y parvient par un petit escalier découvert, abrité par un créneau montant en retraite. Un escalier plus considérable, pratiqué dans l'intérieur des tours, conduisait sur le rempart, derrière lequel courait le chemin de ronde. Les murs ont généralement 2^m,12 d'épaisseur. Ils sont d'un appareil moyen et entièrement couverts de signes provenant d'éléments géométriques. Les portes, au nombres de sept, étaient munies d'une sarrasine et d'une barbacane. Du côté du midi, les tours furent découronnées pour y établir de l'artillerie, pendant les guerres religieuses du XVIe siècle. A la révolution, un vandalisme stupide s'acharnait déjà sur les remparts et les tours du palais, quand il fut arrêté par le représentant du peuple Rovère. Espérons que leur noble antiquité, autant que leur classement parmi les monuments historiques, les garantira désormais de toute espèce de barbarie. C'est le spécimen le plus complet de l'architecture militaire du XIVe siècle, comme ceux d'Aigues-Mortes le sont de l'architecture du siècle précédent.

La papauté ayant fait d'Avignon la nouvelle capitale du monde chrétien, dut nécessairement songer à y élever un palais digne d'abriter le vicaire de Dieu, et capable de défendre sa puissance temporelle. « Le palais d'Avignon, dit le savant historien de la cathédrale de Cologne, M. Sulpice Boisserée, est encore dans son genre le monument le plus vaste et le plus complet qui nous soit resté du moyen âge. Je ne connais de pareil, sous le rapport de la grandeur et de la conservation, que le château de l'empereur Frédéric II, nommé *castel del Monte*, près de Barri, dans la Pouille; encore ce château diffère-t-il beaucoup de celui d'Avignon par sa destination, ayant été construit pour un séjour de campagne et de

chasse. Le palais d'Avignon est en vérité un spécimen unique très-précieux, et d'après lequel nous pouvons nous faire une idée satisfaisante, non-seulement de l'habitation des papes, mais encore de la plupart des habitations royales et seigneuriales du moyen âge. »
Il offre, à la vérité, peu de régularité et de détails d'ornementation ; c'est par sa masse et son ensemble qu'il impose. C'est le résultat de la manière interrompue dont il a été construit. Voy. le plan ci-joint.

En 1319, Jean XXII ayant voulu bâtir un palais digne de la majesté du saint-siége, avait pris le local occupé par l'église paroissiale de Saint-Etienne, qu'il avait reléguée dans la chapelle de la Madeleine. — Benoît XII, son successeur, se voyant condamné à sa prison étrangère, conçut l'idée de la rendre la plus impénétrable possible et formidable pour ses voisins. Au lieu d'un palais, il voulut une citadelle, et tels étaient les plans immenses de son architecte, Pierre Obreri, qu'il fit démolir toutes les constructions de son prédécesseur. Sur de nouvelles fondations s'éleva bientôt, en 1336, la partie septentrionale du palais, qu'il termina par la grande tour du *Trouillas*, géant elle-même dans cette œuvre gigantesque et destinée à surveiller la ville, le fleuve et le Comtat. — Après l'achat d'Avignon, Clément VI continua le palais, en 1349; on lui doit toute la façade du couchant et les grands murs du midi. Cette partie s'élève perpendiculairement à une hauteur effrayante. La rue étroite creusée dans le roc, que nous avons mentionnée en parlant du théâtre, rase le pied du mur. Au-dessus de cette rue, un arc-boutant colossal se projette du faîte de l'édifice sur le roc voisin de la Vice-Gérence, ancien siége du gouvernement communal de la cité (1). Ce grand corps de bâtiment renfermait une chapelle basse à deux nefs, qui devint ensuite un arsenal : au-dessus était la chapelle apostolique à une seule nef. Les proportions de cette partie étaient tellement gigantesques, que le génie militaire a trouvé le moyen d'étager là cinq étages de dortoirs, sans compter les salles de police et les murs de refend. On sait que le palais des papes sert aujourd'hui de caserne. Sur le faîte de l'édifice étaient des terrasses spacieuses et chargées d'arbres rares. Clément VI voulut suspendre dans les airs les jardins que la colline rocheuse lui refu-

(1) La Vice-Gérence, un des plus anciens édifices d'Avignon, avait été le siége des podestats et des viguiers. Une partie s'écroula en 1834. On en retira un bas-relief représentant un guerrier à cheval, avec pennon, la cotte de mailles et un casque de forme conique. Ce morceau de sculpture, du Xe ou du IXe siècle, est au musée Calvet.

sait. C'est là qu'il recevait, dit-on, les belles et nobles dames au milieu desquelles le brillant pontife se plaisait un peu trop. Par cette immense application à la construction de Benoît XII, Clément VI donna au palais une vaste cour intérieure sur laquelle s'ouvrent, au couchant, une charmante galerie et plusieurs salles superbes, ornées avec une rare magnificence, comme la salle des audiences et celle du tribunal de la *Rota*. Celle-ci fut décorée des plus riches peintures. Entre les deux fenêtres, le Christ sur la croix était entouré des quatre docteurs de l'Église. Sur le mur opposé au tribunal, le pontife fit peindre le *Jugement dernier*. Or, de cette grande et sublime fresque digne de Michel-Ange pour la composition, de cette multitude d'apôtres et de prophètes, tenant en main des phylactères sur lesquels se lisaient des maximes de l'Ancien et du Nouveau Testament, il ne reste plus rien, depuis quelques années seulement. Les anges ailés et cuirassés, armés du glaive vengeur, les premiers pères, les premiers martyrs, les docteurs, les papes et les évêques, le Rédempteur debout devant son trône entre la Vierge et saint Jean, tout a disparu, à l'éternel regret de tout ce qui professe le culte du beau! Quand on songe que des administrateurs, en pleine paix, ont eu le triste courage de convertir un pareil lieu en un magasin à fourrages! — C'est à Innocent VI, vers 1356, qu'on doit la grande chapelle haute, déjà mentionnée, et toute la partie méridionale jusqu'à la tour Saint-Laurent. Enfin, Urbain V, en 1364, acheva l'entière construction du palais par la partie orientale et par ces jardins auxquels il donna le nom de *seconde Rome*. Pour favoriser l'écoulement des eaux pluviales, il fit tailler le roc qui s'élevait encore dans la cour, et y fit creuser un puits d'une très-grande profondeur, pour se procurer l'eau qui manquait dans l'immense étendue de ce palais. Un mot, avant d'aller plus loin, sur les peintures.

Nous avons mentionné le *Jugement dernier* dans la salle de la Rota, dû à Clément VI. Le badigeon en a fait, hélas! justice. Dans la tour Saint-Jean, deux petites salles superposées conservent encore des restes d'admirables peintures. La salle supérieure représente l'histoire de saint Martial et l'autre celle de saint Jean-Baptiste. « Quelques têtes, dit M. Mérimée, par leur noblesse et leur grâce exquise, approchent de bien près de la manière de Raphael. » Nous avons pu, il y a quelques jours à peine, vérifier et contrôler l'exactitude de ce jugement. Des soldats corses qui étaient casernés dans le palais, en 1816, trouvèrent le moyen de détacher adroitement la mince couche de mortier sur laquelle la fresque est appliquée, de manière à obtenir de petits tableaux qu'ils vendaient impunément aux amateurs. La tour est aujourd'hui fermée; une semblable profanation est désormais impossible. « Des fresques de l'église, il ne reste plus que deux voussures de l'abside, représentant les prophètes de la Bible et la sibylle qui prédit la venue du Christ. Ils sont tous debout, droits comme des soldats sous les armes et disposés les uns au-dessus des autres, comme les statues dans les voussures des portails gothiques. Chacun a son nom écrit au-dessus de sa tête. Ces peintures sont parfaitement conservées. Les draperies sont d'une grande richesse, et l'artiste paraît avoir voulu imiter les étoffes brochées d'or et de soie qu'on tirait alors d'Orient. Les têtes, belles et nobles, expriment ce calme religieux si convenable à des personnages bibliques; mais, à tout prendre, je ne retrouve pas là ce caractère de grandeur naïve si frappante dans les peintures de la tour. Je ne reconnais pas la même main, les mêmes couleurs. Les procédés matériels sont perfectionnés, mais non la puissance d'imitation et le talent. Les Corses ont fait preuve d'un goût fin et délicat en donnant la préférence aux fresques noires sur ces prophètes brillant d'or et d'azur (1). » Quant aux peintures de la tour des Anges, ainsi nommée des fresques dont la fit décorer Urbain V, elles ont complétement disparu. Au même pontife appartiennent, selon toute probabilité, les fresques de la salle Saint-Martial; ce qui le prouverait, c'est son affection bien connue pour les religieux de Cluny, auxquels il donna, en 1362, le palais d'Hugues des Baux, qui devint par la suite le collége Saint-Martial. A Innocent VI reviendraient les peintures de l'église et celles de la salle Saint-Jean, qui sont presque répétées à la Chartreuse de Villeneuve, fondée de l'autre côté du Rhône, par le même souverain pontife.

Reste une grande difficulté à résoudre. A qui furent dues ces splendides et admirables fresques dont les restes provoqueront des regrets éternels? Bien des noms, et des plus célèbres, ont été prononcés : d'abord celui de Giotto. Mais l'illustre élève de Cimabuë, si tant est qu'il soit venu à Avignon, comme le prétend Vasari, retourna à Florence en 1316, où il mourut en 1336, l'année même où Benoît XII jetait les fondements du palais. Ensuite, celui de Tommasso di Stephano, dit le Giottino. Or, celui-ci, né en 1324, mourut, phthisique, à trente-deux ans. Quand on songe aux nombreux travaux laissés par ce jeune peintre, maladif et désinté-

(1) Prosp. Mérimée, *Notes d'un voyage dans le Midi*, p. 149.

ressé, et surtout au peu de temps qu'il a vécu, on voit qu'il n'a pas pu venir à Avignon. Vasari n'en parle pas. On a voulu faire honneur de ces peintures à Simon Memmi, qui, appelé par le souverain pontife à Avignon, y laissa beaucoup de ses ouvrages (1) et s'y lia d'amitié avec Pétrarque, pour lequel il fit le portrait de Laure ; ce que le poëte reconnut par les deux beaux sonnets : *Per mirar Policleto a prova fiso* et *Quando giunse a Simon l'alto concetto.* Mais comme Simon est mort en 1345, les peintures ne peuvent être de lui, la partie du palais où elles se trouvent étant postérieure de plusieurs années. Ce qu'on doit à Memmi, c'est l'admirable fresque qui décorait le tympan de la porte d'entrée de la cathédrale et le Saint Georges à cheval, délivrant une jeune femme d'un dragon. C'étaient, dit-on, les portraits de Pétrarque et de Laure. Cette dernière fresque, qui ornait un des côtés du porche, a complétement disparu. Enfin, un grand batailleur de la localité, quelque peu peintre, a proposé Spinello d'Arezzo, lequel, ayant vécu jusqu'en 1400, aurait pu, selon lui, exécuter toutes les peintures du palais, à l'exception du Calvaire, dans la salle Saint-Jean, qui dénote une main plus exercée. Cette opinion, développée dans un pamphlet aussi mordant que mal écrit, est basée sur ce que Spinello « est le seul qui, de son temps, ait traité les draperies à l'égal des plus grands maîtres, et que les étoffes que l'on voit dans les fresques qu'il a exécutées en Italie ont des dessins d'un caractère oriental comme dans les peintures du palais. » Les peintures les plus faibles du Campo-Santo de Pise, autant que nous avons pu en juger, sont précisément les trois compartiments qui restent de la vie de saint Éphèse et de saint Politus. Ils sont regardés cependant comme le meilleur ouvrage de Spinello. Si ce peintre est venu à Avignon, ce qui est problématique, car Vasari n'en parle nullement, bien qu'il mentionne toutes ses pérégrinations artistiques, on ne pourrait tout au plus lui attribuer que les fresques de l'église. Quant à celles de la salle Saint-Jean et de la *Rota*, seraient-elles l'ouvrage d'un de ces artistes qui entreprenaient le pèlerinage d'Avignon, où les appelaient les grandes et nombreuses constructions des cardinaux et des papes, et dont le nom s'est perdu dans la gloire de quelque plus illustre confrère ? La sécheresse du style, la roideur des figures, les fautes même de dessin et de perspective

(1) « Simone fù chiamato in Avignone alla corte del papa con grandissima « istanza dove lavorò tante pitture in fresco e in tavole, che fece corrispondere « l'opere al nome che di lui era stato là oltre portato. » *Vasari, vita di Simone*, p. 170. Firenze, 1827.

sont bien rachetées par la naïveté des poses, la vérité des expressions, et par cette grâce exquise et sublime qui fait pressentir Raphaël. Or, tout cela ne pouvait être l'apanage d'une organisation artistique ordinaire. Un grand nom a été oublié. Y aurait-il témérité à le proposer? Voici un passage de Vasari qui mérite quelque attention. En parlant d'une fresque (encore un jugement dernier) de l'église Santa-Croce de Florence, peinte par Orgagna, il dit : « Si vede in profilo col regno in capo rittrato di naturale papa « Clemente VI, che al tempo suo ridusse il giubbileo dai cento ai « cinquanta anni, e che fù amico de' Fiorentini, ed ebbe delle sue « pitture che gli furon carissime. » Plus loin, il ajoute : « Compiuta « quest' opera, fece alcune pitture pur in tavola che furono man- « date al papa in Avignone, le quali ancora sono nella chiesa « cattedrale di quella città (1). » Or, ce portrait, d'après nature, de Clément VI, qui avait des peintures d'Orgagna, dont il faisait très-grand cas, cet envoi de tableaux pour sa cathédrale, tout cela ne prouverait-il pas que le grand peintre du Campo-Santo a pu et dû venir à Avignon vers le milieu du XIVe siècle; cette hypothèse n'a rien d'invraisemblable. Nous souhaitons vivement qu'un artiste veuille bien étudier les rapports qui existent entre les fresques de Pise et celles d'Avignon. La disparition récente du *Jugement dernier*, dans la salle de la Rota, ne permet pas d'établir une comparaison avec le même sujet traité par Orgagna au Campo-Santo. Cette fresque est considérée comme inférieure à son *Triomphe de la mort;* néanmoins, on pense que la Vierge et la noble figure du Christ ont été imitées par Michel-Ange.

Revenons au palais. A cause des diverses constructions successives, il ne faut pas chercher la régularité et encore moins l'élégance dans cette imposante demeure des souverains pontifes, qui coûta trente-quatre ans de travaux, depuis 1336 jusqu'en 1370. Rien ne fut donné à l'art : tout fut sacrifié à la sûreté. L'épaisseur des murs, la solidité des tours défiaient les attaques de vive force; la disposition intérieure avait même prévu le cas d'une surprise. « On est frappé, dit M. Mérimée, de la rusticité de sa construction, de l'irrégularité choquante de toutes ses parties, irrégularité qui n'est motivée ni par la disposition du terrain, ni par des avantages matériels. Ainsi, les tours ne sont pas carrées, les fenêtres n'observent aucun alignement, on ne rencontre pas un seul angle droit, et la communication d'un corps de logis à un autre n'a lieu

---

(1) Vasari, *Vita d'Andrea di Cione Orgagna*, p. 176 et 199, ediz. cit.

qu'au moyen de circuits sans nombre. Les machicoulis des courtines ont ici une forme singulière. Ce ne sont point, comme d'ordinaire, des arceaux en saillie, ouverts en dessous et retenus par des consoles rapprochées. Qu'on se représente une immense arcature ogivale, derrière laquelle s'élève un mur en retraite de deux pieds environ, auquel les piliers des arcades servent de contreforts. L'intervalle entre une arcade et la muraille est un machicoulis ; au lieu de pierres ou de traits, on pouvait jeter par là des poutres énormes, qui, tombant horizontalement, devaient balayer dix échelles à la fois, ou bien écraser d'un seul coup une rangée de mineurs, s'il s'en trouvait d'assez hardis pour essayer de saper le pied des remparts. » C'est la seule décoration extérieure, et encore était-elle en vue de la défense. Le balcon crénelé qui surmonte la porte d'entrée était flanqué de deux petites tourelles élancées qui filaient jusqu'au-dessus du faîte du palais. Elles disparurent à la fin du XVIIe siècle ; il n'en reste plus que les soubassements en nids d'aronde. La porte fut remaniée en 1472, par l'évêque Julien de la Rovère, qui fut le pape Jules II. En 1665, le vice-légat, Alex. Colonna, l'entoura d'un ouvrage avancé, espèce de barbacane, pour se mettre à l'abri d'une nouvelle insurrection. Il employa à cet ouvrage les démolitions du couronnement de la tour du *Trouillas*, qui avait abrité Rienzi prisonnier. Il avait également fait abattre une partie de la tour des *Anges* pour établir une plate-forme d'où les canons pouvaient battre la ville. Le fossé et le pont-levis furent exécutés par son successeur Lomellini. Tel est ce gigantesque palais-forteresse dont il faut renoncer à décrire toutes les grandes salles voûtées, les galeries, les escaliers et couloirs se perdant dans l'épaisseur des murs et sur lequel l'imagination de certains écrivains a brodé les plus fantastiques légendes (1). Un pareil monument mérite, sous tous les rapports, une visite détaillée. Son appareil est moyen, et on épuisa, pour sa construction, les carrières de Saint-Bruno, entre Villeneuve et Pujaut. Il serait bien à désirer que des temps plus calmes permissent de le rendre à une destination mieux appropriée, en y transportant le riche musée Calvet, qui commence à se trouver trop à l'étroit dans l'ancien hôtel de Villeneuve.

Vers 1453, le cardinal Aubert, frère d'Innocent VI, fit élever la

(1) Un souterrain partant du pied du Trouillas, et ayant jadis une issue hors la ville, a fait croire à un tunnel pratiqué sous le Rhône, comme les traces d'un incendie de 1413 ont donné lieu à la fable de la vengeance d'un barigel ou d'un vice-légat.

tour actuelle, sur laquelle une horloge fut installée en 1470. La tour avait été léguée par le prélat aux Bénédictines de Saint-Laurent, qui la donnèrent en bail aux consuls, pour le service de la ville, moyennant un loyer annuel de vingt florins. En 1497, la ville acheta définitivement la tour sur laquelle s'éleva bientôt le beffroi, hérissé de clochetons et de crosses épanouies. Cette tour du XIV° siècle, avec son chapel du XV°, et qui renferme les archives de la ville, est dans un état parfait de conservation ; mais il faut là chercher aujourd'hui à travers le dédale de la masse gigantesque dont on veut faire un hôtel de ville, pour remplacer l'ancienne *livrée* d'Albano disparue. Il est fâcheux qu'on n'ait pas eu l'idée de coordonner cette construction avec le style du gracieux campanile qui se trouve absorbé dans le développement des lignes. La perle gothique se trouve ainsi perdue dans une immense carapace dont le moindre défaut est d'écraser les formes sveltes et gracieuses du théâtre, son voisin.

Parmi les églises qui ont survécu, nous mentionnerons, entre autres, Saint-Agricol, reconstruite par le pape Jean XXII, en 1320, et dont la façade ne fut achevée qu'en 1420 ; Saint-Didier, de 1355 ; Saint-Pierre, de 1358, avec une façade de 1512, charmant échantillon du gothique fleuri ; les Célestins, de 1400 à 1476 ; celle en ruines de Saint-Martial, au Jardin des plantes, considérablement augmentée en 1486 ; celle du collége, de 1615 à 1655 ; celle de l'Oratoire, de 1717 à 1741 ; et enfin, à peu près de la même époque, la chapelle des Pénitents noirs, où l'on admire le superbe Christ en ivoire de Guillermin. Il existe beaucoup d'autres églises ou chapelles, tant anciennes que modernes. Le petit séminaire, autrefois l'archevêché, est de 1438 à 1476 ; sur plusieurs portes est sculpté le chêne (*rovere*) du cardinal et pape Jules de La Rovère. L'ancien hôtel des monnaies, sur la même place et vis-à-vis le palais, est de 1610. L'Hôtel-Dieu, fondé par Bernard de Rascas, en 1353, fut terminé en 1747. Sa façade est imposante. Différents établissements civils et religieux sur de grandes proportions, des hôtels particuliers avec des façades richement sculptées, donnent à la ville d'Avignon une physionomie de grandeur que peu de villes, en France, possèdent au même degré. On s'aperçoit encore qu'elle a été, pendant longues années, la capitale du monde chrétien (1). Avant 1789, Avignon

---

(1) Les armoiries primitives d'Avignon étaient une ville tourrelée portant sur des arcades baignées par les eaux ; après la vente de 1348, les Avignonnais prirent trois clefs d'or sur un fond de sable, conservant les trois gerfauts pour supports et la devise : *A bec et griffes.* Était-ce une allusion à leur fidélité pour leurs nouveaux maîtres ?

renfermait une métropole, sept paroisses, dont cinq collégiales, vingt-deux maisons de religieux, seize de religieuses, sept confréries de pénitents, douze congrégations ou sociétés religieuses, quatorze chapelles ou oratoires, sept colléges ou séminaires et dix-huit hôpitaux ou maisons de charité. Rabelais n'avait pas tout à fait tort d'appeler Avignon la *ville sonnante*. Beaucoup de ces établissements semblent renaître de leurs ruines. Bien que le chemin de fer, en tournant autour de ses remparts, semble inviter le voyageur à délaisser Avignon pour se hâter vers Arles et Marseille, nous conseillons fortement une halte à celui qui voudra jouir du magnifique panorama qui se déploie autour de son *rocher des Doms* et qui voudra s'initier à l'architecture militaire et religieuse du XIVe siècle.

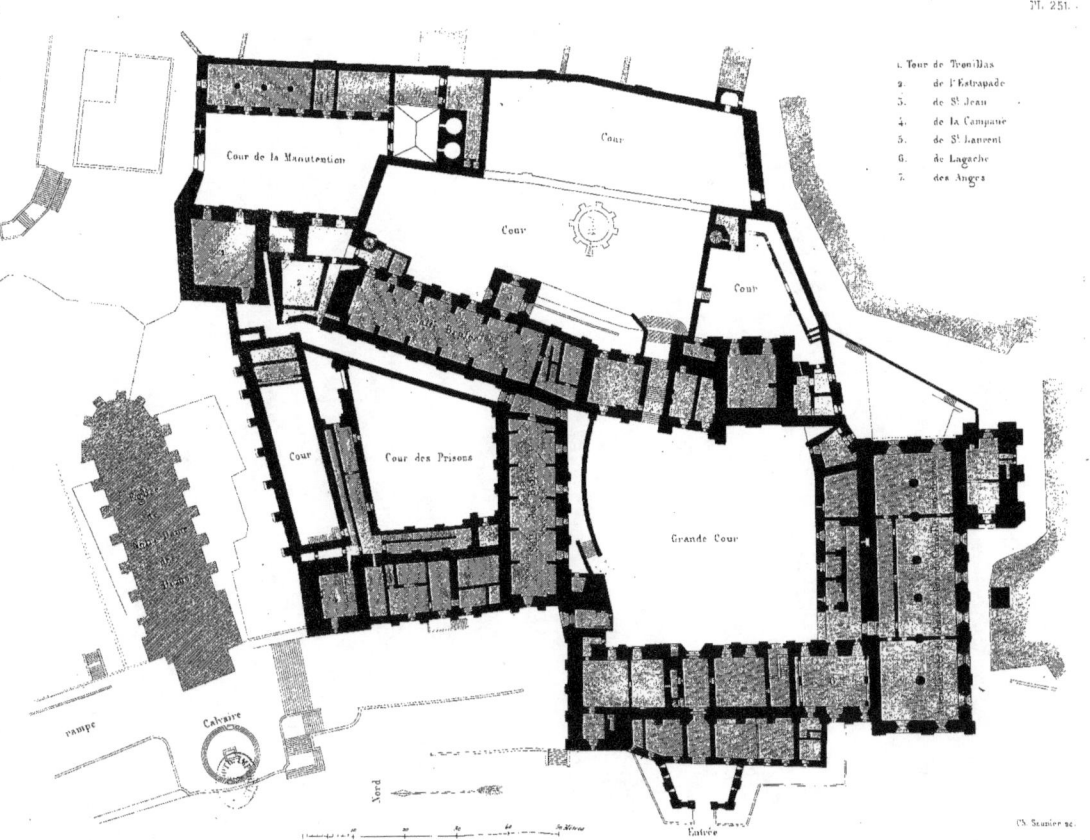

REVUE
ARCHÉOLOGIQUE
OU RECUEIL
DE DOCUMENTS ET DE MÉMOIRES
RELATIFS A L'ÉTUDE DES MONUMENTS, A LA NUMISMATIQUE ET A LA PHILOLOGIE
DE L'ANTIQUITÉ ET DU MOYEN AGE.
XIe ANNÉE.

L'abonnement part du 15 avril ou du 15 octobre.

Prix pour Paris : 1 an, 25 fr.—Départements et étranger : 30 francs.

On s'abonne à Paris, chez LELEUX, libraire-éditeur, rue des Poitevins, 11, et chez tous les Libraires de France et de l'étranger, ou en envoyant *franco* un mandat sur Paris, à l'ordre de l'Éditeur.

Notre but, en créant ce recueil qui compte aujourd'hui plusieurs années d'existence, n'a point été d'en faire une publication spécialement destinée aux savants ; nous avons voulu surtout rendre faciles au plus grand nombre possible les moyens de se tenir au courant des progrès de la science archéologique qui compte déjà tant et de si laborieux adhérents. Dans toutes les parties du monde civilisé, des hommes zélés et habiles se sont consacrés à la publication ou à l'explication des monuments jusqu'alors négligés ou inconnus, et des artistes estimables ont prêté à cette tâche utile l'assistance de leur talent et de leurs efforts.

L'idée que nous avons conçue de l'archéologie elle-même, dont les diverses branches se tiennent par un lien indissoluble, nous a conduit à éviter de faire de notre publication un organe exclusif de telle ou telle branche de la science en particulier. Nous avons cru aussi devoir embrasser à la fois l'antiquité européenne, égyptienne et asiatique. En étudiant les monuments européens, nous ne nous bornons pas à l'antiquité, nous descendons jusqu'au moyen âge, et nous donnons une attention convenable à l'archéologie chrétienne, qui est, depuis quelques années, l'objet de recherches si intéressantes.

La numismatique constitue l'une des branches les plus importantes de l'archéologie ; la *Revue*, qui tient à ne laisser en dehors de son cadre aucune des études qui peuvent contribuer à faire connaître les monuments de l'antiquité et du moyen âge, y consacrera désormais une place spéciale. Nous recevrons donc avec plaisir les articles sur la numismatique ancienne et du moyen âge, que nos abonnés voudront bien nous faire parvenir.

La *Revue archéologique* est ouverte à tous les hommes de talent et de conscience qui veulent bien l'honorer de leur concours. Nous citerons parmi les collaborateurs : MM. Letronne, Quatremère, de Saulcy, de Laborde, Guigniaut, Naudet, Rossignol, Hase, Paulin Pâris, Vincent, Raoul Rochette, *membres de l'Institut*; MM. Ch. Texier, Roulez, Chaudruc de Crazannes, Quaranta, *correspondants de l'Institut*: MM. E. de Rougé, *conservateur des Antiques au Musée du Louvre*; A. Maury, *sous-conservateur de la bibliothèque de l'Institut*; Egger, *professeur à la Faculté des Lettres*; A. Chabouillet, *sous-conservateur du cabinet des Antiques*; Lepsius, E. Chardin, S. Birch, d'Arbois de Jubainville, J. Courtet, Champollion, E. Beulé, Guenebault, Pinard, E. Cartier, Janssen, l'abbé Balthasar, *membre de la Société française pour la conservation des monuments historiques*; Douët-d'Arcq, Duchalais, l'abbé Cochet, l'abbé Cahier, Lavoix, J. Quicherat, Grésy, Vinet, Nisard, Victor Langlois, Doublet de Boisthibault, Léon Rénier, Gustave Brunet, Martin, *doyen de la Faculté des Lettres, de Rennes*, etc., etc.

La *Revue archéologique* paraît du 15 au 20 de chaque mois, par cahiers d'environ 80 pages, grand in-8°. Ces différents cahiers formeront, à la fin de chaque année, un très-fort volume d'à peu près 1000 pages, divisé en deux parties ou semestres, orné de 24 gravures sur acier, et d'un grand nombre de dessins sur bois intercalés dans le texte. Chaque semestre est accompagné d'un titre et d'une table des matières ; une table alphabétique annuelle termine chaque volume.

La table des planches et des matières des dix premières années se vend séparément.

Ch. Lahure, imprimeur du Sénat et de la Cour de Cassation (ancienne maison Crapelet), rue de Vaugirard, 9.

www.ingramcontent.com/pod-product-compliance
Lightning Source LLC
LaVergne TN
LVHW021703080426
835510LV00011B/1553